Stéphane Compoint

Abenteuer Archäologie

Auf den Spuren verborgener Schätze

KNESEBECK

Titel der Originalausgabe: *Les Aventuriers d'Aujour d'hui*
Erschienen bei Éditions de La Martinière SA, Paris 2010
Copyright © 2010 Éditions de La Martinière SA, Paris, Frankreich

Deutsche Erstausgabe
Copyright © 2011 von dem Knesebeck GmbH & Co. Verlag KG, München
Ein Unternehmen der La Martinière Groupe
Umschlaggestaltung: Leonore Höfer, Knesebeck-Verlag
Produktion und Herstellung: VerlagsService Dr. Helmut Neuberger &
Karl Schaumann GmbH, Heimstetten
Druck: Toppan Leefung Printing Ltd.
Printed in China

ISBN 978-3-86873-323-5

www.knesebeck-verlag.de

Inhalt

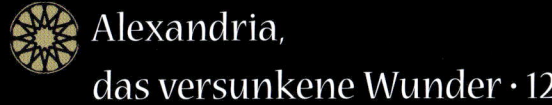

Einführung

Schon als Kind begeisterte ich mich für das Fotografieren, und mit 18 Jahren arbeitete ich bereits als Fotoreporter. Die Welt in Bildern einzufangen ist ein Beruf, der mich bis heute fasziniert. Doch der Mensch bleibt nicht stehen, entwickelt sich weiter, entdeckt neue Interessen. Und so habe ich im Laufe vieler Jahre zur Archäologie gefunden. Mich fasziniert der Gedanke, dass Menschen, die lange vor uns gelebt haben, oft Tausende von Jahren, unter der Erde Spuren ihres Daseins hinterlassen haben – Spuren, die wir finden und aus denen wir viel über das Leben von einst lernen können.

Im Laufe meines Lebens habe ich viele Reisen unternommen und viele fremde Länder kennengelernt. Häufig war ich beruflich unterwegs, oft auch als normaler Tourist. Aber sosehr ich auch begeistert war vom Zauber der fremden Kulturen – das, was mich wirklich interessiert hat, befindet sich unter der Erde. So tauchte ich auf jeder meiner Reisen ein in die Geschichte des betreffenden Landes und in die Arbeit der Forscher, die mit der Findigkeit eines Detektivs und einer unglaublichen Beharrlichkeit den Geheimnissen der Geschichte nachspüren. Vom Beginn einer Grabung bis zum ersten greifbaren Ergebnis

kann es bei der archäologischen Forschung lange dauern. Dieses Buch vermittelt dir einen Einblick in die Arbeit der Archäologinnen und Archäologen, die, halb Wissenschaftler, halb Abenteurer, Jahr um Jahr nach den Spuren der Vergangenheit suchen. Und manchmal gelingt es ihnen, einen Schatz zu entdecken.

Die im Meer versunkenen Überreste des Leuchtturms von Alexandria, Grabstätten aus der Zeit vor und nach Christus, die Ruinen von Pompeji, die Erdzeichnungen bei Nazca in der Wüste der Anden – all diese einzigartigen Funde und Entdeckungen erzählen vom Reichtum vergangener Kulturen. Forscher und Wissenschaftler sind heute in der glücklichen Lage, sich modernster Technik zu bedienen, wenn sie nach verloren geglaubten Welten suchen. In unserer immer schnelllebiger werdenden Zeit scheint mir diese Suche besonders wichtig zu sein. Denn je genauer der Mensch seine Vergangenheit kennt, desto besser kann er seine Zukunft gestalten.

Auch du wirst in diesem Buch auf die Suche gehen, Schritt für Schritt. Geh mit mir auf die Reise!

STÉPHANE COMPOINT

Mit den Archäologen rund um die Welt

MISSION NORDPOL:
EIN SCHATZ IN GEFAHR
ARKTISCHER OZEAN

AUF DEN SPUREN
DES BLAUEN BÄREN
ALASKA, USA

DIE KELTEN,
HOCHZIVILISIERTE BARBAREN
FRANKREICH UND ITALIEN

POMPEJI,
EINE VERSTEINERTE STADT
ITALIEN

ATLANTISCHER OZEAN

ALEXANDRIA,
DAS VERSUNKENE WUNDER
ÄGYPTEN

PAZIFISCHER OZEAN

TOUMAÏ, DER ERSTE
MENSCH
TSCHADWÜSTE

CAHUÁCHI, EIN RIESIGES
FREILICHTMUSEUM
PERU

DIE OSTERINSEL,
EINE VERSCHWUNDENE KULTUR
CHILE

Reisen wir um die Welt, entdecken wir Schätze mit den
Archäologen und Paläontologen.

Die Fundstätten zählen teilweise zum Weltkulturerbe der
UNESCO und vermitteln Einblick in Welten, die längst
versunken sind …, und in die Arbeit der Archäologen, die
zu den letzten Abenteurern unserer Zeit gehören.

DIE OLYMPISCHEN SPIELE DER ANTIKE
GRIECHENLAND

MOSAIKEN VOR DEM WASSER GEBORGEN
ZEUGMA, TÜRKEI

EIN PRÄHISTORISCHER GIGANT
WÜSTE GOBI, MONGOLEI

USERKARE, DER WIEDERENTDECKTE PHARAO
NILDELTA, ÄGYPTEN

EIN KOLOSS ENTSTEIGT DER ERDE
BELUTSCHISTAN, PAKISTAN

MUMIEN MITTEN IN DER WÜSTE
ÄGYPTEN

PAZIFISCHER OZEAN

INDISCHER OZEAN

Sieh dir diese Begegnung zwischen Forscher und Geschichte an – zwischen Entstehungszeit der Skulptur und Aufnahme liegen 4000 Jahre! Alexandria, gegründet vor 2300 Jahren von Alexander dem Großen, war neben Rom die zweite Millionenstadt der Antike. Sie galt als Hauptstadt der Wissenschaften und war wegen ihrer revolutionären Stadtplanung berühmt und besonders auch für den gewaltigen Leuchtturm. Er zählte zu den sieben Weltwundern der Antike und wies von der kleinen Insel Pharos aus den Seefahrern mehr als 1000 Jahre lang den Weg. Nach einem schweren Erdbeben stürzte er schließlich ein.

1996 legten französische Archäologen unter der Leitung von Jean-Yves Empereur mehr als 2000 antike Skulpturen frei: Sphinxe, Obelisken, Statuen von Königen und Königinnen zeugen von der Größe der versunkenen Stadt.

30 ausgewählte Skulpturen wurden restauriert und ausgestellt. Dieser Sphinx – ein Wesen mit Löwenkörper und Menschenkopf – wird aus acht Metern Tiefe geborgen. Bevor die Statue zur Untersuchung an die Oberfläche gebracht wird, kopiert der Unterwasserarchäologe auf seiner Schreibtafel die Pharao Ramses II. gewidmete Inschrift.

▶ **Nach mehreren Monaten Arbeit ist die Aufregung groß**: Gerade wird die Kolossalstatue von König Ptolemäus II., dem großen Bauherrn Alexandrias, aus dem Meer geholt. 1500 Jahre hatte der Torso unter Wasser verbracht, deshalb ist größte Vorsicht geboten. Mit der Krone auf dem Haupt und dem Unterkörper insgesamt zwölf Meter hoch, zierte die imposante Figur den Eingang des Leuchtturms von Alexandria.

Ein Stück des siebten Weltwunders wurde wiedergefunden!

▲ **Einige Meter entfernt vom Torso wird der Kopf gefunden**. Anhand der in den Stein gemeißelten Inschriften können die Unterwasserarchäologen die Statuen datieren.

▲ **Um die Statue schnellstmöglich zu identifizieren,** vermessen die Archäologen den kolossalen Torso: Er ist 4,55 Meter lang und wiegt rund zwölf Tonnen.

▼ **Ptolemäus II. durchquert, von Taxis um-
säumt, die unter seiner Herrschaft fertiggestellte
Stadt.** Die Statue muss sechs Monate lang entsalzt
und anschließend restauriert werden. Danach wird
sie in der ganzen Welt auf Ausstellungen präsentiert.

◀ **Die aus dem
Wasser geborgenen
Teile der Statue** von
Pharao Ptolemäus II.
konnten nach ihrer
Restaurierung wieder
zusammengesetzt
werden.

▼ **Der mit festen Ketten umspannte
Block** wird mithilfe luftgefüllter Ballons
angehoben. Auf diese Weise gelingt
es, den Torso der Statue umzudrehen.

▼ **Ohne es zu wissen, spielt hier der sechsjährige Balah im Herzen eines antiken Friedhofs.** Die Ortskenntnis des Jungen war für die Archäologen von unschätzbarem Wert und half ihnen dabei, die Ausdehnung der Totenstadt schnell zu erfassen. Da das Gebiet von Bulldozern zerstört wurde, die eine Schnellstraße anlegten, war die Erstellung eines Lageplans ein Wettlauf mit der Zeit.

Während der Bauarbeiten an der Autobahn Alexandria–Kairo wurde die größte Totenstadt der Antike entdeckt. Sie umfasst mehrere 1000 Gräber.

▶ **Diese bemalte Grabanlage mit Sarkophag** gehörte einer vornehmen Familie. Seit zwei Jahrtausenden gegen Licht und Sauerstoff geschützt, zeigt sich die Malerei fast in ihrer ursprünglichen Pracht. Eine Archäologin zeichnet die Motive auf einer transparenten Kopiertafel nach.

An der Ausgrabungsstätte wurden zahlreiche Stücke aus ptolemäischer Zeit (4. Jahrhundert v. Chr. bis 1. Jahrhundert n. Chr.) gefunden, denn in der ägyptischen Antike war es üblich, den Toten Vasen, Statuetten, Phiolen, Öllampen und viele andere Grabbeigaben in ihre letzte Ruhestätte mitzugeben.

Diese Köpfe von weiblichen Grabstatuetten, sogenannten Tanagra-Figuren, wurden auf der Ausgrabungsstätte der ägyptischen Totenstadt gefunden. Solche Koroplastiken kamen meist aus Tanagra in Griechenland, wurden aber auch in Alexandria gefertigt.

Was sind das für riesige Gestalten, die da, umgestürzt und von Pflanzen halb überwuchert, auf der Erde liegen? Man nennt sie *Moais*, und auf der Osterinsel, einem windgepeitschten Eiland inmitten des Pazifischen Ozeans, findet man etwa 600 davon.

Die Kolossalstatuen sind die Wächter des versunkenen Reichs der *Rapanui*. Dieses polynesische Volk errichtete hier etwa zwischen 500 und 1800 n. Chr. eine blühende Kultur. Die Statuen dienten wohl dazu, sich vor Dämonen zu schützen oder die Geister der Ahnen zu verehren. Im Irrtum, die Natur habe ihre Insel mit unerschöpflichen Reichtümern ausgestattet, gingen die *Rapanui* allzu verschwenderisch mit Rohstoffen um. Als die Wälder abgeholzt und die Böden unfruchtbar waren, verfiel auch ihre Kultur.

Die Osterinsel wurde am Ostersonntag 1722 entdeckt. Seitdem war sie das Ziel zahlreicher Expeditionen, gibt der Wissenschaft aber immer noch Rätsel auf. Die Schrift der *Rapanui* ist noch nicht entschlüsselt. Man weiß auch nicht, wie die an die zwölf Tonnen schweren *Moais* aufgerichtet wurden, nimmt aber an, dass dies mithilfe von Baumstämmen geschah. Eine von dem Italiener Giuseppe Orefici geleitete Expedition trug sämtliche Erkenntnisse über die Insel zusammen und versuchte auch, den Untergang der *Rapanui*-Kultur zu erklären.

Die Rapanui-Kultur auf der Osterinsel war 1200 Jahre lang von der Welt abgeschnitten.

◀ **Wie alle Moais aus Holz** wurde auch dieser Kavakava-Moai vor dem Haus seines Eigentümers ausgegraben, dessen Seele er darstellt. Er wurde aus dem Holz des inzwischen ausgestorbenen Toromiro-Baums geschnitzt. Ein Moai aus Stein stand nur den großen Stammeshäuptlingen zu.

◀ **Auf den Hängen des erloschenen Vulkans Rano Raraku** untersucht das Team von Giuseppe Orefici eine Gruppe umgestürzter Moais aus dem 16. Jahrhundert. Die Archäologen vermessen Hände, Torso und Gesicht der Statuen. Aus den Maßen kann man auf die Entstehungzeit dieser Kunstwerke schließen.

▼ **Der *Moai Te Kokanga*** wiegt etwa 300 Tonnen und misst fast 21 Meter. Man weiß nicht, warum die Rapanui immer noch größere Statuen geschaffen haben. Geschah es aus Rivalität zwischen den Stämmen? Die Wissenschaftler spannen ein Maßband, um die Figur zu vermessen: Allein der Kopf ist stolze 8,5 Meter lang.

▲ **Petroglyphen** sind in Stein gearbeitete bildliche Darstellungen. Sie wurden zahlreich in der Umgebung verfallener Dörfer und in Höhlen gefunden. Oben betrachtet Giuseppe Orefici eine Darstellung des Kriegsgotts Make Make, links entdeckt er große Abbildungen von Fischen, die für Überfluss stehen, dazu Vögel, die Symbole der Freiheit.

Femme de l'Isle de Pâque.

Homme de l'Isle de Pâques.

▲ **Als die Insel 1774 von James Cook besucht wurde,** war die Kultur der Rapanui – hier einige Darstellungen auf zeitgenössischen Stichen – bereits im Niedergang begriffen. Schuld an diesem Verfall war der Raubbau an der Natur, beschleunigt wurde er durch eingeschleppte Seuchen. Denn gegen die Krankheitserreger der Europäer hatten die Ureinwohner keine Abwehrkräfte.

▶ **Als es wegen der Hungersnot gegen Ende des 17. Jahrhunderts** zu Unruhen in der Bevölkerung kam, wurden die Moais von den Insulanern umgestürzt. Die Arbeit der Forscher besteht nun darin, die Ursachen des Dramas zu erforschen, insbesondere durch Untersuchung der Böden mithilfe des Elektronenmikroskops.

▲ **Die Moais von Ahu Nau Nau** präsentieren sich hoch aufragend in Anakena an der Nordküste. Aufgereiht wachen die Figuren unweit des Strandes über die Insel. Sie sind mit einem *Pukao* aus Tuff, einem roten Vulkangestein, bekrönt. Er stellt das zum Schopf hochgebundene Haar dar. Auch diese Figuren waren umgestürzt und wurden erst im letzten Jahrhundert wieder aufgestellt.

▼ **Der Rongorongo-Stab,** das einzige erhalten gebliebene Exemplar seiner Art, ist zwei Meter lang. Er ist zur Gänze mit Schriftzeichen bedeckt, die bisher niemand entziffern konnte.

▲ **Diese geschnitzten Kavakava-Figuren** waren vor den Haustüren der Rapanui vergraben, wodurch sie hervorragend erhalten geblieben sind. Anders als die aus Vulkangestein gehauenen Moais der Häuptlinge sind sie aus **Toromiro-Holz** gefertigt, einem auf der Insel zu allen Zeiten kostbaren Rohstoff.

▶ **Diese Angelhaken aus dem 5. Jahrhundert n. Chr.** ähneln denen, die man auf den 3200 Kilometer entfernten Marquesas-Inseln gefunden hat und die aus der gleichen Zeit stammen. Deshalb wird angenommen, dass polynesische Seefahrer die unbewohnte Osterinsel besiedelten. Der Zeitpunkt konnte bis heute nicht bestimmt werden. Manche Forscher sind der Ansicht, dass die Besiedelung erst um 1200 n. Chr. erfolgte.

Mitten in der Libyschen Wüste liegt die Oase Charga, seit Jahrtausenden eine wichtige Etappe auf der westlich des Nils verlaufenden Wüstenroute. Vier Wissenschaftler führen in dieser Gegend seit 1981 Ausgrabungen durch und stießen auf am Berghang versteckte Nekropolen mit Hunderten von Mumien. Die ohne Sarkophag bestatteten Toten sind wegen des trockenen Wüstenklimas über 2000 Jahre lang hervorragend erhalten geblieben und wirkten wie in tiefem Schlaf erstarrt. Diese Mumienfunde belegen, dass im Reich der Pharaonen auch einfache Leute wie Bauern, Soldaten, Arbeiter und deren Familien ein Anrecht auf eine rituelle Bestattung hatten und dass die Mumifizierung – nach dem Glauben der alten Ägypter Voraussetzung für ein Weiterleben im Totenreich – nicht nur den Reichen vorbehalten, sondern auch für die einfachen Leute erschwinglich war.

Die Forscher errichteten ein Feldlabor, um mit moderner Technik wie Röntgenradiografie den Alltag und die Todesursache der mumifizierten Ägypter zu erforschen. Vor dem Abtransport zur Untersuchung nummeriert hier die französische Historikerin Françoise Dunand die Mumien und notiert die Fundstelle. Nach der Untersuchung werden die Toten pietätvoll an ihre letzte Ruhestätte zurückgebracht.

▲ **Die im Durchschnitt nur zwölf Kilogramm schweren Mumien** lassen sich problemlos aus dem Grab entnehmen. Denn ein menschlicher Körper, dem sämtliches Wasser entzogen ist, hat nur noch ein Fünftel seines ursprünglichen Gewichts. Sie werden dann ins Labor gebracht und mit äußerster Vorsicht untersucht.

◄ **In den Höhlengrabstätten der Wüstenberge** wurden mehrere Mumien gefunden, die man direkt auf den Sand zur letzten Ruhe gebettet hatte. Einige waren nach den im Alten Reich gebräuchlichen Methoden einbalsamiert und in Bandagen gewickelt worden. Inzwischen hat man herausgefunden, dass diese Höhlengräber als Bestattungsort für jeweils eine Familie dienten.

Diese Gesichter haben
die Zeiten überdauert.
Seit 2000 Jahren sind sie wie
in friedlichem Schlaf erstarrt.

▲ Bei der genauen Untersuchung von Schädel und Körper der Mumien stellte der französische Anthropologe Jean-Louis Heim zu seiner Überraschung fest, dass diese Menschen im Durchschnitt größer gewachsen waren als selbst Europäer zu Anfang des 19. Jahrhunderts: Eine der Mumien maß sogar 180 Zentimeter!

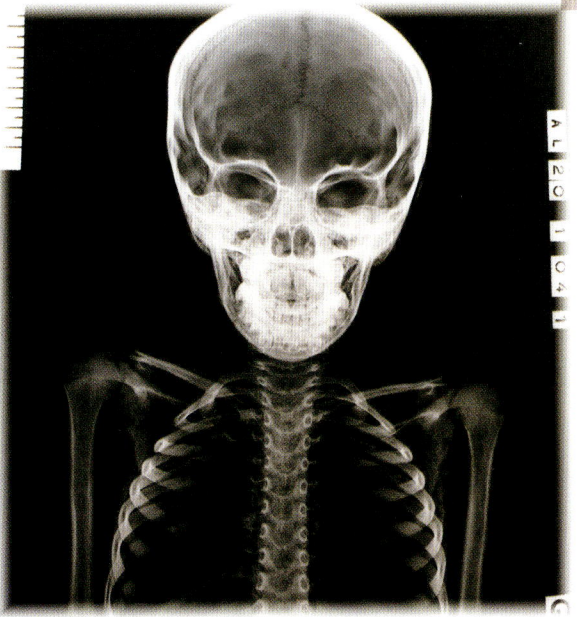

▶ Die im Labor gemachten Röntgenbilder geben Hinweise auf die Lebensweise bislang wenig erforschter Bevölkerungsgruppen. Die Bilder zeigen Spuren von Krankheiten und durch Feldarbeit verursachten Abnutzungserscheinungen. Daraus lässt sich schließen, dass es sich bei den Mumien um Bauern und Arbeiter handelte.

▼ Auch nach zwei Jahrtausenden sind der Gesichtsausdruck, die mit Henna gefärbten Haare und die Augenlider so weit erhalten geblieben, dass sie einen Eindruck vom einstigen Erscheinungsbild der Verstorbenen vermitteln. So haben die Wissenschaftler den Mumien anstelle einer bloßen Nummer einen Vornamen zugeteilt.

Zwischen dem Pazifik und den Anden erstreckt sich ein Wüstengebiet, in dem aus der Luft riesige Scharrbilder von mehreren hundert Metern Ausdehnung zu erkennen sind. Diese riesigen Geoglyphen bei Nazca und in der Atacamawüste sind uralt. Viele wurden vor über 2000 Jahren in den Boden gegraben und sind zum Teil noch heute sehr gut erhalten. Die Zeichnungen stellen Menschen, Tiere oder geometrische Formen dar und bilden zusammen ein erstaunliches, nur aus größerer Höhe sichtbares Freilichtmuseum. Der hier abgebildete »Riese von Atacama« entstand zwischen dem eften und 15. Jahrhundert und gilt als die weltweit größte Abbildung einer antropomorphen (menschenähnlichen) Figur. Von den Füßen bis zum Scheitel misst der Gigant 86 Meter. Er verkörpert wohl eine Gottheit, deren Kopf mit Federn eines Raubvogels und Schnurrbarthaaren einer Katze geschmückt ist – zwei den südamerikanischen Ureinwohnern vor der Kolonisation heiligen Tieren. Bislang ist ungeklärt, wie die Nazca die riesigen Bilder so exakt zeichnen konnten und wozu sie dienten. Man nimmt an, dass die Linien bei großen Zeremonien als Pfade oder als astronomische Kalender zur Bestimmung der Mondphasen und Regenzeiten genutzt wurden. Die Archäologen Paul Kosok und Maria Reich entdeckten in den 1930er-Jahren die riesigen Zeichnungen wieder und weckten damit die Erinnerung an eine Kultur, die die Wüste mithilfe eines Systems unterirdischer Kanäle in einen blühenden Garten verwandelt hatte.

◄ **Diese vor rund 2000 Jahren angelegte Geoglyphe** (97 Meter x 65 Meter) stellt einen Kolibri dar, eine der Hauptgottheiten der Nazca-Kultur. Die Nazca nutzten eine geologische Besonderheit des Wüstenbodens, um all diese Motive zu zeichnen. Denn dort ist nur die aus eisenoxidhaltigem Geröll bestehende oberste Bodenschicht rostrot gefärbt. Gräbt man etwas tiefer, stößt man auf weißlicheres Material.

> Die riesigen Scharrbilder der Nazca nehmen erst auf Luftbildern Gestalt an. Man nennt sie Geoglyphen.

▼ **Der neunfingrige Affe** (links, 93 Meter) und der Orca (rechts, 31 Meter) entstanden in der gleichen Epoche. Mit diesen Zeichnungen wollten die Nazca ihre Tiergottheiten beschwichtigen, deren magische Kräfte sie fürchteten.

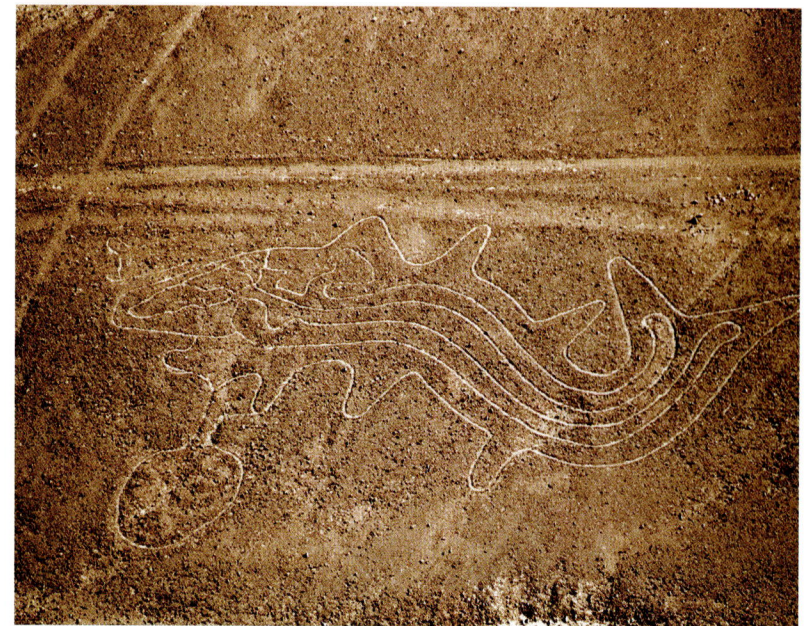

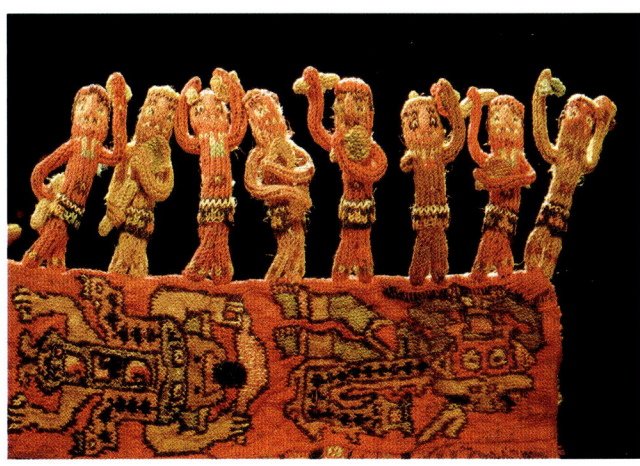

▶ **Diese bei Ausgrabungen entdeckten Gewebe** sind von erstaunlicher Feinheit. Auf dem Mantel (oben rechts) sind Hunderte von verschiedenen, drei Zentimeter hohen und dreidimensional dargestellten Männchen aufgewebt. Sie stellen Musikanten und Tänzer dar, die bei einer Prozession den Linien einer Geoglyphe folgen. Am Mantelsaum (unten links) naschen zwei Zentimeter hohe Kolibris an Blumen.

◀ **Dieses Topffragment** lässt mehrere Gottheiten erkennen: Katzenmensch, Vogelmensch und Schlangenmensch.

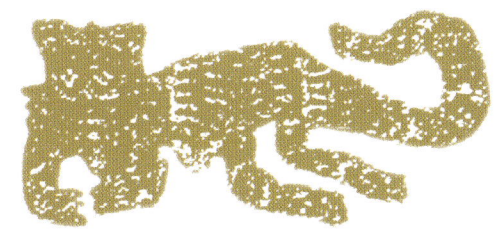

▼ **Auf dem Ruinengelände Cahuáchi** entdeckten die Archäologen Hunderte von keramischen Antaras (unten links), den Vorfahren der Panflöte, mit deren Röhren sich jeweils ein Ton erzeugen lässt. Sie fanden auch Köpfe von Menschen, die man den Göttern geopfert hatte (unten rechts). Dank des trockenen Klimas sind Haare und Haut vollständig erhalten geblieben. An der Stirn ist eine Schnur befestigt, an der man den Kopf transportieren oder am Gürtel tragen konnte.

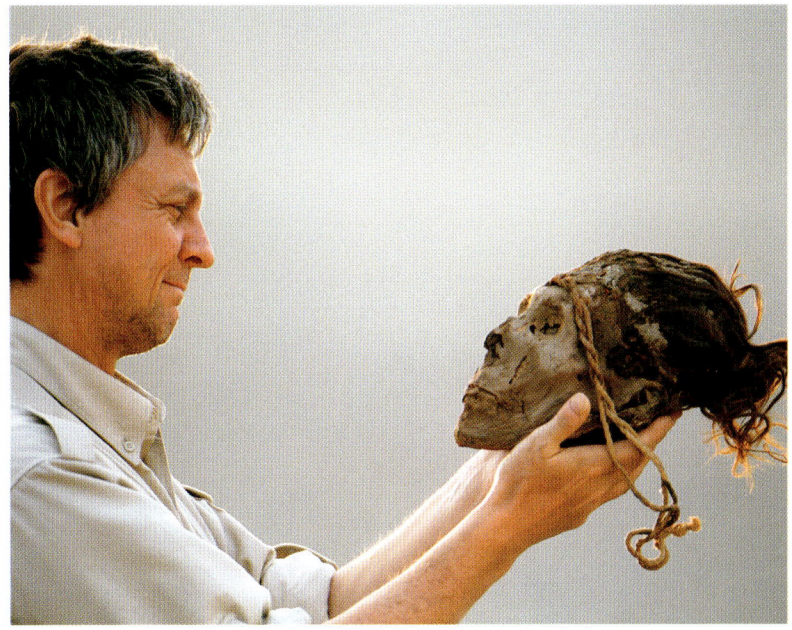

Ein prähistorischer Gigant

Das größte und schwerste Tier aller Zeiten ist vor Jahrmillionen ausgestorben. Jahrhunderte hindurch fanden mongolische Nomaden in der Wüste Gobi die Knochen riesiger Wesen, die sie aufgrund ihrer bizarren Gestalt als »Drachen« bezeichneten. Archäologischen Forschern wurde später schnell klar, dass es sich um die Fossilien von Dinosauriern handelte, die hier vor 65 Millionen Jahren gelebt hatten und ausgestorben waren. Nach und nach war die Pflanzenwelt dort verschwunden, und die ehemalige Savanne hatte sich in eine Wüste verwandelt. Mit der Flora starben auch viele Tiere, darunter die Dinosaurier, aus. Heute ist die Wüste Gobi eine der größten und unwirtlichsten Wüsten der Erde. In den 1920er-Jahren wurden hier bei einer Reihe von Expeditionen etwa 60 Dinosaurierarten entdeckt. Insbesondere der amerikanische Forscher Roy Chapman Andrews machte sich hierbei einen Namen. Dieser Abenteurer diente auch als Vorbild für die Filmfigur Indiana Jones. Die fantastische Knochensammlung wurde 2005 im Rahmen der Ausstellung »Gobi Dinosaurus« erstmals in Europa gezeigt. Als Glanzstück wurde das vollständige, zwölf Meter hohe und 25 Meter lange Skelett eines Brachiosaurus gezeigt. Mit fast 50 Tonnen brachte es dieser Dinosaurier auf das Gewicht von zehn Elefanten!

Für Dinosaurierforscher ist die Wüste Gobi eine wahre Fundgrube!

▲ **Im Vergleich zu den Vorderbeinen des** *Brachiosaurus* wirkt dieser Forscher wie ein Zwerg. Das Skelett ähnelt in seinem Aufbau dem der heutigen Tiere, was die Rekonstruktion der Fossilteile erleichtert. Höchstwahrscheinlich stammen die für das Museum zusammengefügten Knochen aber von verschiedenen Tieren einer Dinosaurierart.

◀ **Diese Rekonstruktion** geht von der allgemein akzeptierten Annahme aus, dass die Haut der Dinosaurier jener der heutigen Eidechsen ähnelte. Um seine enormen Körperkräfte zu erhalten, fraß der *Brachiosaurus* etwa 1,5 Tonnen Äste, Laub und Gräser pro Tag. Mithilfe seines langen Halses aus zwölf 70 Zentimeter langen Wirbeln konnte er auch an Nahrung gelangen, die sich in der Höhe eines vierstöckigen Hauses befand.

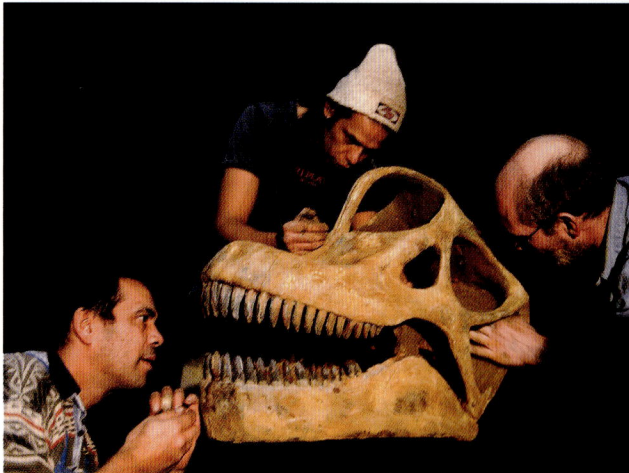

▲ **Der** *Brachiosaurus* **hatte einen dicken Kopf mit breiter Schnauze,** der aber im Vergleich zu seinem Körper winzig wirkte. Seine Kiefer waren mit spitzen Zähnen besetzt, die Nüstern befanden sich im oberen Teil des Kopfes. Aus diesem Grund glaubte man lange, dass dieses Tier im Wasser lebte.

▶ **Trotz seiner enormen Größe (er war mehr als 12 Meter hoch),** war der *Diplodocus* wahrscheinlich in Herden von 20 bis 30 Artgenossen unterwegs, um sich gegen Räuber wie den berühmten *Tyrannosaurus rex* zu schützen.

Rekonstruktionen in Lebensgröße bringen dem Forscher Tiere näher, die vor 65 Millionen Jahren die Erde bevölkerten.

▶ **Der *Stegosaurus* konnte wegen seines unförmigen und schweren Körpers nicht schnell laufen und musste sich gegen Fressfeinde mit seinem bis zu einem Meter langen, mit vier Stacheln besetzten Schwanz verteidigen.** Die Knochenplatten auf seinem Rücken waren eine Art Sonnenkollektoren und dienten zur Regulierung der Körpertemperatur.

Mosaiken vor dem Wasser geborgen

Dieses aus farbigen Steinen Stück für Stück zusammengesetzte Mosaik gehört zu den berühmtesten Relikten der antiken Stadt Zeugma, die im dritten Jahrhundert v. Chr. gegründet wurde. Ihren Reichtum verdankte sie ihrer Lage an der Seidenstraße und ihrer Brücke über den Euphrat. Damit war sie ein Bindeglied zwischen der griechisch-römischen Welt und dem Orient. Als die Türkei 1995 beschloss, bei Birecik am Euphrat einen Staudamm zu errichten, wurde in aller Eile ein Team aus französischen, türkischen und amerikanischen Archäologen zusammengestellt, um im Rahmen einer Notgrabung von der antiken Stadt zu retten, was zu retten war, bevor das Tal geflutet wurde. Den Archäologen war lange schon bekannt, dass an dieser Stelle nahe der türkisch-syrischen Grenze die Relikte der antiken Stadt existierten, sie hatten jedoch nie die Möglichkeit gehabt, Grabungen vorzunehmen. Nun begann ein neunmonatiger Wettlauf mit der Zeit. Die Archäologen legten in Windeseile Häuser, Brunnen, Abwasserleitungen, Statuen und Wandgemälde frei, um sie zu bergen, bevor die Wasser des Stausees die Grabungsstätte verschlangen. Auch 14 Mosaiken einer luxuriös ausgestatteten römischen Villa (die Stadt war zuletzt Teil des Römischen Reichs) wurden gerettet.

▲ **Hier sieht man das 500 Meter flussabwärts von Zeugma gelegene Dorf Belkis** im Oktober 1999 (links) und im Juni 2000 (rechts) mit dem Birecik-Staudamm im Hintergrund. In weniger als zwölf Monaten versank die antike Stadt Zeugma zum Bedauern der Forscher in den Fluten, mit ihr 30 außergewöhnliche Mosaiken sowie Malereien und andere Kostbarkeiten.

Ein Wettlauf gegen die Zeit zur Rettung der Schätze von Zeugma

▲ **Bei der Bergung von 14 Mosaiken** auf dem Grabungsareal der Reste einer römischen Villa arbeiteten Spezialisten auf einer Fläche von etwa 500 Quadratkilometern. Nach sorgfältiger Reinigung und Sicherung besonders zerbrechlich wirkender Stellen wurden die Kunstwerke mit dickem Baumwollkattun beklebt und anschließend in mehrere Teile zerschnitten, wobei man es vermied, Figuren zu durchtrennen. Die größten dieser Mosaikteile wurden zum Schutz gegen Bruch auf einen großen Holzzylinder aufgerollt.

◀ **Dieses Mosaik zählt zu den bedeutendsten kunstgeschichtlichen Schätzen,** die in Zeugma entdeckt wurden. Es stellt den Mythos der Königin Pasiphaë (links) dar, der Gemahlin des Minos. Sie verliebte sich auf Betreiben des Gottes Poseidon in einen Stier und versteckte sich in einer hölzernen Kuh, um ihn zu verführen. Dieser Verbindung entspross der Minotaurus, ein Fabelwesen mit Stierkopf und Menschenkörper. Oben rechts im Mosaik ist das Labyrinth abgebildet, aus dem Theseus mit Ariadnes Hife dank eines Fadens wieder herausfand.

▶ **Diese 1,5 Meter hohe Ares-Mars-Statue**, eine von sechs erhalten gebliebenen Bronzefiguren des Kriegsgottes, ist die einzige Skulptur, die in Zeugma gefunden wurde.

Auf den Spuren des Blauen Bären

Der Tourenführer Lynn Schooler hat seinen Wohnsitz in Juneau, der Hauptstadt Alaskas, wo er seit mehr als 20 Jahren seinen schönen Beruf ausübt: Er begleitet Filmemacher, Tierfotografen und Abenteurer in die unbewohnten Gebiete der Arktis mit all ihren Fjorden, Wäldern und Gletschern.

Vor einigen Jahren bat ihn der berühmte japanische Fotograf Michio Hoshino, Mitarbeiter der Zeitschrift *National Geographic*, um Hilfe, um ein besonders scheues Tier vor die Kamera zu bekommen, das aufgrund seines silbrig schimmernden Fells als »Blauer Bär« bezeichnet wird. Diese Bärenart, eine Unterart des Amerikanischen Schwarzbären, ist äußerst schwierig zu fotografieren, denn es gibt schätzungsweise nur etwa 100 Exemplare dieser seltenen Tiere, und das in einem Gebiet, das etwa viermal so groß ist wie Deutschland, aber nur 600 000 Einwohner hat.

Mehr als zehn Jahre lang waren Hoshino und Schooler unterwegs, um den sagenumwobenen Vetter des Schwarzbären aufzuspüren. Ihre Suche blieb erfolglos, aber in ihrem Verlauf entstand eine tiefe Freundschaft zwischen dem Fotografen und seinem Führer. Ironischerweise ist Lynn Schooler dem Blauen Bären Jahre später völlig unerwartet begegnet.

▲ **In den unberührten Waldgebieten am Frederick Sound**, 100 Kilometer südlich von Juneau, ist der Touristenführer Lynn Schooler unterwegs. Er sucht nach Spuren des Blauen Bären.

▲ **Auf der Suche nach dem Blauen Bären** durchstreift Lynn Schooler den Nationalpark Glacier Bay, 50 Kilometer nördlich von Juneau, der Hauptstadt Alaskas.

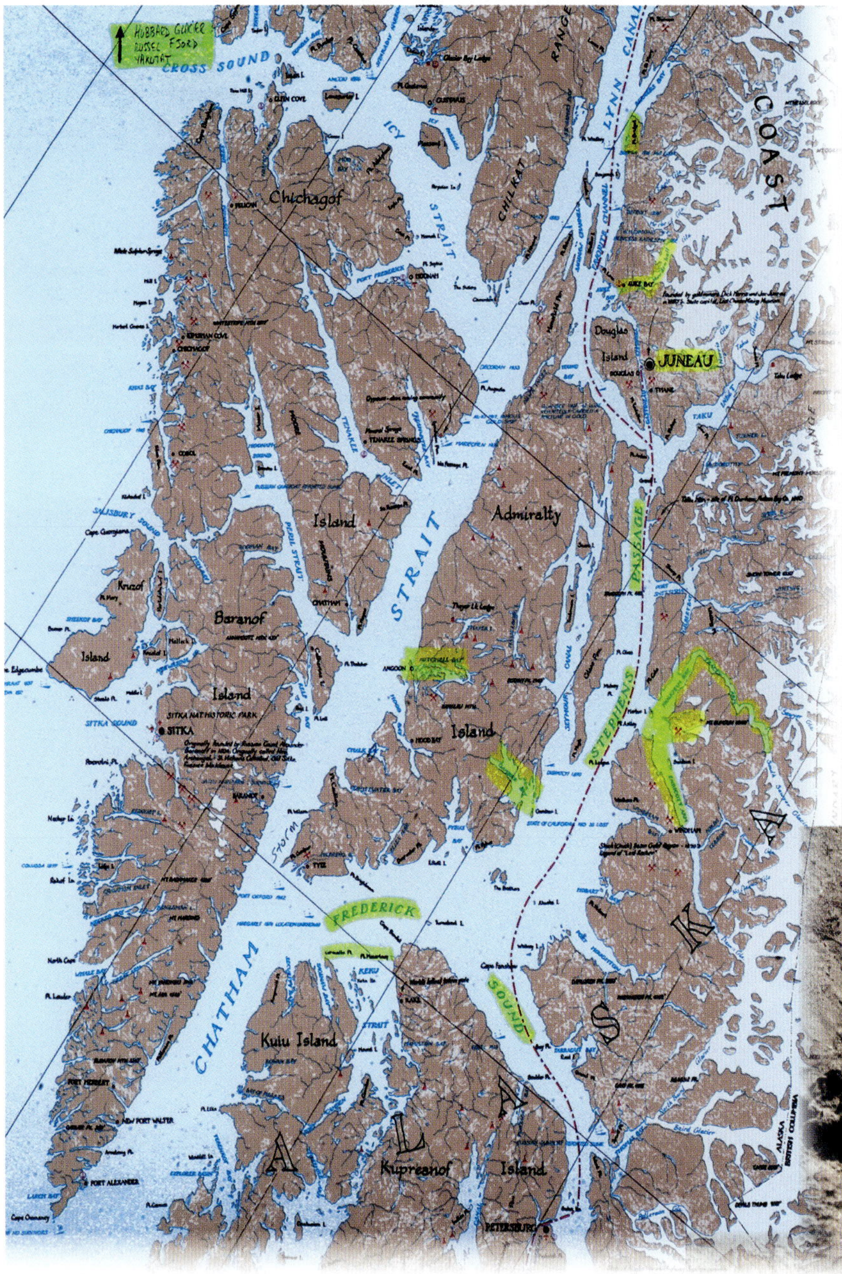

> Kilometerlange Fußmärsche in der Hoffnung, den Blauen Bären zu Gesicht zu bekommen

◀ **Das von Lynn Schooler auf der Suche nach dem Blauen Bären durchwanderte Gebiet** ist schwer zugänglich.

▼ **Dies sind Fußabdrücke eines Braunbären.** Er lebt ebenfalls in Alaska und gehört zur selben Familie wie der Blaue Bär, ist jedoch viel häufiger anzutreffen.

◄ **Auf der Suche nach Gebieten in denen der Blaue Bär vorkommen könnte**, fährt Lynn Schooler in seinem Boot den von Gletschern gesäumten Holkham River hinauf. Seit 20 Jahren benutzt er dasselbe Boot. Im 80 Kilometer weiter nördlich gelegenen Hafen von Juneau dient es ihm als Hausboot und Hauptwohnsitz.

▼ **Fotos von Blauen Bären sind äußerst selten**, dieses hier wurde von John Hyde aufgenommen.

Die Kelten, hoch zivilisierte Barbaren

Viele glauben, man müsse den Ärmelkanal überqueren, um auf Spuren keltischer Barden und Druiden zu stoßen, aber dieses Volk war nicht nur auf den britischen Inseln heimisch, sondern viele Jahrhunderte lang auch in Süddeutschland, Italien und Frankreich – auch die Gallier waren Kelten.

Mit den Grabungen, die 2002 bis 2007 vor Beginn des Baus der europäischen Hochgeschwindigkeitsstrecke in Frankreich durchgeführt wurden, versuchten die Archäologen, die noch weitgehend unbekannte Lebensweise unserer keltischen Vorfahren zu erforschen. Die Goldschmiede-, Bronze- und Keramikarbeiten zeugen von feinster Handwerkskunst und belegen, dass die »Barbaren« keineswegs so unkultiviert waren, wie sie in Filmen oft dargestellt werden.

Die 3000 Menhire von Carnac stammen allerdings aus vorkeltischer Zeit. Doch auch die spätsteinzeitliche Gesellschaft war schon genügend entwickelt, um tonnenschwere Felsbrocken zu transportieren und in geraden Reihen aufzurichten. Wie das Volk der »Megalithiker« das schaffte, ist noch weitgehend ungeklärt. Die Bezeichnungen für diese Steine, »Dolmen« und »Menhire«, stammen hingegen aus einer keltischen Sprache.

◀ **Mithilfe einer Art großen Staubsaugers werden Keltengräber** in der französischen Champagne (links) freigelegt. Ähnliche Gräber wurden zur gleichen Zeit auch in Italien (unten) gefunden. Sie enthielten als Grabbeigaben entweder Schmuck oder wie hier Waffen: Schwert, Scheide, Lanzenspitzen und Speer.

▲ **Die Champagne gehört zu den Gebieten**, die vom Bau der TGV-Hochgeschwindigkeitsstrecke Paris–Straßburg betroffen waren. Vor der Gleisverlegung wurde der Boden auf einer Strecke von 300 Kilometern alle zehn Meter mit dem Schaufellader abgetragen. Die Forscher hatten dann zwei Jahre Zeit, das Gelände zu untersuchen. Bei diesen Notgrabungen stieß man auf mehr als 30 bedeutende Funde.

▼ **Diese Keramiken wurden in der Nähe von Bologna in Nord-italien gefunden** – Teller, Vasen und Phiolen (bauchige Gefäße mit einem langen Hals) blieben unbeschädigt, weil sie dem Totenkult dienten. Sie weisen etruskische und keltische Merkmale zugleich auf und belegen, dass in dieser Region beide Kulturen lange Zeit nebeneinander existierten.

Bevor die Römer Europa eroberten, herrschten die Kelten über ein riesiges Gebiet. Nach und nach legt man ihre Spuren frei.

▼ **Wie diese Waffen zeigen, verstanden sich die Kelten bestens auf die Herstellung von Schwertern, Scheiden, Lanzen und Helmen.** Ihre hochwertigen Waffen sind eine mögliche Erklärung für die geografische Ausdehnung des Siedlungsraums der Kelten. Selbst für heutige Schmiede ist es schwierig, Objekte vergleichbarer Qualität herzustellen.

▼ **Dieser vergoldete und mit Korallen verzierte Bronzehelm** ist ein Meisterstück keltischer Goldschmiedekunst. Er wurde bei Ausgrabungen in Südfrankreich entdeckt. Man weiß bis heute nicht, welcher hochrangigen Persönlichkeit der Luxusgegenstand gehörte.

Am Rande der Sahara, einige Kilometer westlich der Palmenhaine des Niltals und 20 Kilometer von Kairo entfernt, erhebt sich in der Wüste der wohl älteste Monumentalsteinbau der Welt: die Stufenpyramide von Sakkara. 2002 legte das Team des Ägyptologen Vassil Dobrev hier eine Nekropole (Totenstadt) frei, die der Schlüssel zum Rätsel um den Pharao Userkare sein könnte. Von diesem geheimnisvollen König weiß man so gut wie nichts, außer dass er vor 4300 Jahren für kurze Zeit über Ägypten regierte.

Nach jahrelangen Recherchen in den Archiven der Kairoer Bibliothek beschließt Vassil Dobrev, in einer Entfernung von 300 Metern zur Stufenpyramide Grabungen vorzunehmen. Bereits in einem Meter Tiefe stoßen seine Mitarbeiter auf Sarkophage, die aus dem siebten Jahrhundert v. Chr. zu stammen scheinen. Man gräbt weiter und entdeckt eine regelrechte Gräberstraße. Die Grabstätten sind mit Inschriften und Hieroglyphen versehen. Eine davon erregt die Aufmerksamkeit der Archäologen besonders. Sie beginnen, die Deckplatte und die Wände aus weißem Stein freizulegen. Nun folgt eine Überraschung auf die andere.

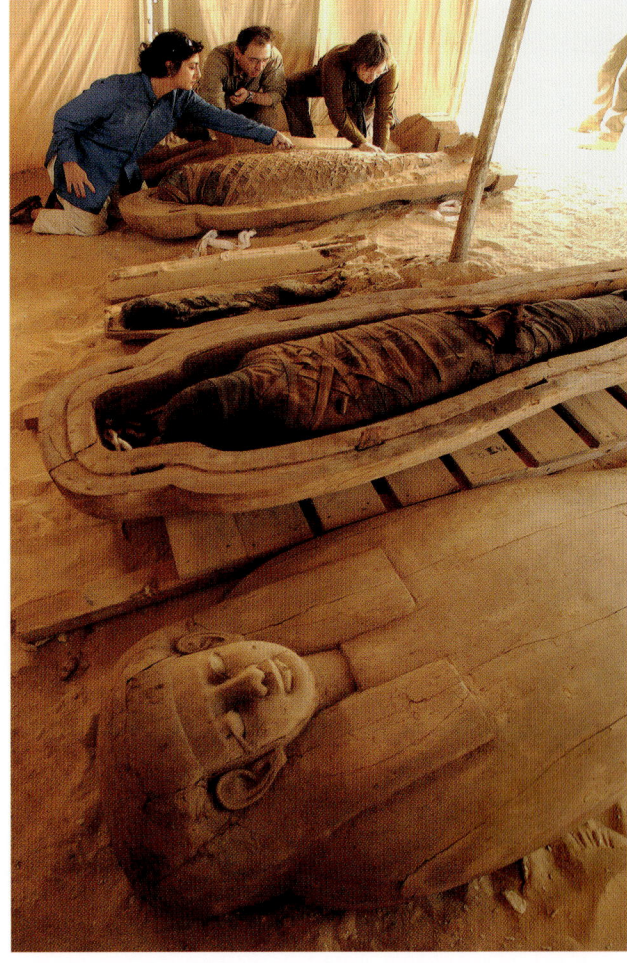

◀ **Nur etwa 50 Zentimeter unter dem Sand** wird ein völlig unbeschädigter Sarkophag freigelegt, der auf das Jahr 700 v. Chr. datiert wird. Als er im Schutze eines Zelts geöffnet wird, findet man darin eine bestens erhaltene Mumie (oben). Über ihre Identität soll die nun folgende Untersuchung Aufschluss geben.

◀ **Durch die Überreste des Totentempels** tragen sechs Archäologen den 150 Kilogramm schweren, zusammengebundenen Sarkophag zu dem Gebäude, in dem die Mumie untersucht und restauriert werden soll. Anschließend kommt sie nach Kairo zur Aufbewahrung im Untergeschoss des Ägyptischen Museums.

◀ **Kaum ist die herrliche mehrfarbige Grabfassade vom Sand befreit**, werden bereits die ersten Geheimnisse entschlüsselt. Beim Entziffern der Hieroglyphen wird Vassil Dobrev und seinen Mitarbeitern klar, dass es sich um die Familiengruft des Oberpriesters von Pharao Userkare handelt. Eine brandheiße Entdeckung!

> Von der Sandschicht befreit, erstehen vor den Augen der Archäologen 4300 Jahre alte Zeugen der Vergangenheit.

▼ **Diese Filmszene zeigt die Künstler beim Bemalen** des für den Hohepriester Userkares bestimmten Grabes. Hieroglyphen und Figuren wurden mit hochwertigen Naturfarben bemalt, die dank der vollständigen Dunkelheit bis heute nichts von ihrer Frische verloren haben. Auch nach 4300 Jahren sind die Töne unverändert.

▶ **Das wichtigste Ereignis in der Regierungszeit eines Pharaos** war der Bau seiner Pyramide, da ihm die Grabstätte nach seinem Tod als ewige Wohnung dienen sollte. Diese Szene aus einem Film über Userkare zeigt den Pharao in Begleitung seiner Gemahlin und seines Hofes: Er ist unterwegs zu seinem obersten Architekten, um den Ort zu bestimmen, an dem die Pyramide errichtet werden soll.

Was sucht der über den Sand gebeugte Paläontologe Michel Brunet wohl in der riesigen Tschadwüste? Er wird hier Hinweise dafür finden, dass die ersten Menschen im Herzen der Sahara lebten. 1974 hatten Forscher in Äthiopien ein 3,2 Millionen Jahre altes Skelett entdeckt, dem sie den Namen »Lucy« gaben und das als »Urmutter der Menschen« gilt. Die internationale wissenschaftliche Gemeinschaft glaubte zu dem Zeitpunkt, dass die Wiege der Menschheit in Äthiopien zu suchen sei, wo die ältesten Spuren menschlichen Lebens gefunden wurden. Überzeugt, dass unsere Entstehungsgeschichte aber noch weiter zurückreicht, setzte Brunet seine Suche fort. Mehr als 20 Jahre lang folgte er beharrlich seiner Überzeugung und suchte systematisch die Wüste ab. Seine Kollegen, die auf den östlichen Hochebenen suchten und fündig wurden, hielten ihn schon für etwas verrückt, aber 1995 wurde seine Ausdauer belohnt. Er entdeckte den Kiefer eines 3,5 Millionen Jahre alten *Australopithecus*, den er »Abel« nannte. Sechs Jahre später fand er Zähne und einen Schädel, die sieben Millionen Jahre alt sind. Der Fund wird »Toumaï« genannt, in der regionalen Sprache »Hoffnung auf Leben«. Die Entdeckung wird die Geschichte der Entstehung der Menschheit revolutionieren.

▼ **Mit großen Sieben wird der Saharasand untersucht.** Auf diese Weise gelingt es, fossile Zähne von Tieren aus dem Sand zu holen, die hier zur Zeit des *Australopithecus* heimisch waren.

▲ **Anhand der im Umkreis von Abels Kiefer gefundenen Fossilien** konnte der Fund auf 3,5 Millionen Jahre datiert werden. Michel Brunet hat hier die Relikte eines Katzenfisches entdeckt. Die heute in der Wüste gelegene Fundstätte war einst mit Bäumen bewachsen und lag am Ufer des Tschadsees, damals ein riesiges Binnenmeer.

▲ **Für eine genaue Untersuchung** werden die Fossilien in einem Raum der Universität Poitiers eingelagert, an der Michel Brunet eine Professur innehatte.

◀ **Ausgestorbene Arten des Krokodils, der Gazelle, des Pferdes und des Elefanten** fand man in den Bodenschichten, in denen man Abel und Toumaï entdeckt hatte. Es wurden 4000 Tier- und Pflanzenfossilien gefunden, mit deren Hilfe die Wissenschaftler das Alter des *Australopithecus* genauer bestimmen konnten.

Im Herzen der Sahara leisten die Paläontologen auf der Suche nach den Ursprüngen der Menschheit im doppelten Sinne Knochenarbeit.

◀ **Michel Brunet mit Abels kleinem Kiefer.** Mit dieser Entdeckung wurde die Geschichte der ersten Hominiden neu geschrieben. Auf dem linken Bild sieht man eine aus Ton geformte Rekonstruktion von Abels Gesicht. Sie wurde anhand der Angaben des Forschers angefertigt.

Pompeji, eine versteinerte Stadt

Als 79 n. Chr. der Vesuv ausbrach, war dies für die antike Stadt Pompeji eine Katastrophe von unvorstellbarem Ausmaß. Eine blühende Stadt verschwand quasi über Nacht von der Landkarte des Römischen Reiches und blieb bis ins 18. Jahrhundert hinein vergessen.

Für die Historiker und Archäologen, die die versunkene Stadt in der Neuzeit wiederentdeckten, war der Vulkanausbruch jedoch ein Glücksfall: Unter einer bis zu zehn Meter dicken Schicht aus vulkanischer Asche und Bimsstein war Pompeji so spontan verschüttet worden, dass das Alltagsleben der antiken Stadt wie in einer Momentaufnahme erstarrte. Die Stein- und Ascheschicht hatte zugleich verhindert, dass Bauten und Kunstschätze unter der Einwirkung von Licht und Luft verfielen.

Auch heute noch überrascht Pompeji durch seine fortgeschrittene Stadtplanung, versorgt die Museen der Welt mit Kunstwerken und bringt alljährlich an die zwei Millionen Besucher zum Staunen. Dieses Luftbild zeigt den Vesuv heute. Vor seinem Ausbruch war er wesentlich höher und hatte eine Spitze. Im Vordergrund sind das Theater und das Odeion zu sehen, links das Forum und das Verwaltungsviertel.

▶ **Mit ihren Bürgersteigen und gepflasterten Fahrbahnen** ähnelten die Straßen von Pompeji bereits denen einer heutigen Stadt. Gleichermaßen fortschrittlich war die Wasserversorgung. Die Blöcke im Hintergrund dienten als Fußgängerübergang. Alle 100 Meter standen Brunnen, sodass alle Einwohner Zugang zu Trinkwasser hatten.

Eine Katastrophe für die Stadtbewohner, ein Glücksfall für die Historiker!

▲ **Von einer Bronzekette festgehalten**, konnte dieser Hund beim Ausbruch des Vulkans nicht weglaufen und wurde unter Schlamm und vulkanischer Asche begraben.

▶ **In einer Bäckerei wurde das Skelett eines Maultiers gefunden**, das ein Mahlwerk angetrieben hatte. Wahrscheinlich versuchte es, durch die Tür zu entfliehen, kam aber mit seinen Schicksalsgenossen im Ascheregen um.

▶ **Wie so viele andere hatte auch dieser Pompejaner versucht, sich in den Keller seines Hauses zu flüchten, um Schutz zu suchen.** Vergebens, denn Asche und Schlamm waren schneller. Man schätzt, dass zum Zeitpunkt der Eruption 20 000 Menschen in der Stadt lebten. Im Altertum war das die Einwohnerzahl einer Stadt mittlerer Größe.

▲ **Bereits in der Antike gab es Werbung**: Dieser dreiseitig bemalte, durch den Schlamm und die Asche perfekt konservierte Pfeiler preist die Tätigkeit der Walker und Gerber, die Stoffe und Häute bearbeiteten. Solche für Historiker kostbare Darstellungen sind in Pompeji häufig anzutreffen.

▼ **Den Römern war Papier noch unbekannt**, es gelangte erst gegen Anfang des zwölften Jahrhunderts nach Europa. Die pompejischen Künstler malten ihre Bilder direkt auf den Putz der Wände. Als Schreibstoffe dienten Wachstafeln und Papyrus, wie die Abbilung auf diesem Bild des Terentius Neu und seiner Frau belegt.

▼ **Der Tanzende Faun**, ein Gott in Menschengestalt mit Hörnern und Bocksfüßen, stand im Zentrum eines Atriumbeckens. Die Bronzestatuette ist ein griechisches Original aus dem zweiten Jahrhundert v. Chr.

▲ **Diese beiden Bronzefiguren** zeigen junge Männer beim sportlichen Wettkampf.

Mission Nordpol: Ein Schatz in Gefahr

Das Packeis ist für unseren Planeten wie ein Fieberthermometer. Durch die Erderwärmung wird dieser Schatz von Jahr zu Jahr kleiner. 2007 beginnt die von dem französischen Forscher Jean-Louis Etienne geleitete Expedition »Total Pole Airship« damit, die Dicke des Packeises am Nordpol auf einer Gesamtstrecke von rund 10 000 Kilometern zu vermessen, um das Abschmelzen der Polkappe über einen Zeitraum von mehreren Jahrzehnten zu verfolgen. Mit einem Luftschiff überfliegen die Wissenschaftler das Packeis in einer Höhe von 30 Metern, ein hochempfindliches Messinstrument an Bord errechnet die Stärke des Eises. Ein Jahr vor der Luftschiffexpedition von Longyearbyen (Norwegen) nach Barrow (Alaska) befinden sich die Wissenschaftler auf der russischen Polarstation Barneo. Von vier Tauchern unterstützt, testen sie drei Wochen lang ihre Instrumente auf und unter dem Packeis. Extremtaucher sorgen dafür, dass alle richtig arbeiten, damit die Messungen unter optimalen Bedingungen erfolgen.

▼ **Die russische Polarstation Barneo, nur wenige Kilometer vom Nordpol entfernt**, ist im Frühjahr jeweils einen Monat lang geöffnet. Mit ihren zehn Zelten und ihrer Landepiste dient sie Wissenschaftlern verschiedener Nationen als Basislager.

▲▼ **Zuerst muss ein Profil des Meeresgrunds erstellt werden**, damit die Messinstrumente an den am besten geeigneten Stellen installiert werden können. Dazu werden Taucher durch Eislöcher hinabtauchen, die zumeist schon nach wenigen Stunden wieder zufrieren.

Ein Taucher bleibt auf dem Eis zurück und hält die Seile fest, mit denen seine tauchenden Kollegen gesichert sind, um mit ihnen in Kontakt zu bleiben. Mit diesen Seilen können sie im Notfall Hilfe anfordern. Sie helfen ihnen aber auch dabei, problemlos zum Einstiegsloch zurückzufinden.

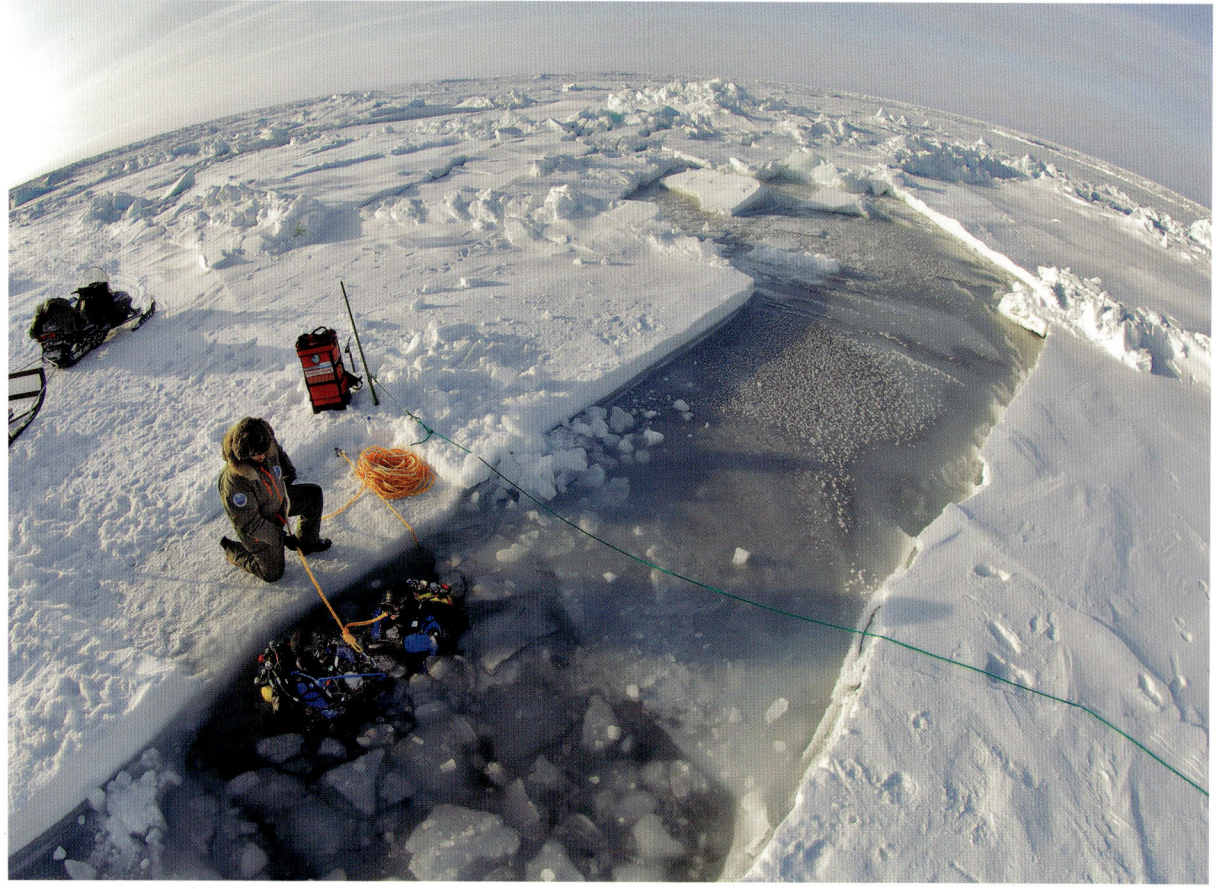

Bei ihrem zweiten Einsatz stoßen die Taucher auf herrliche »Eisrosen«. Sie entstehen, wenn sich salziges Meerwasser bei sehr tiefen Temperaturen mit Brackwasser aus dem Packeis mischt. Ein fantastisches Schauspiel!

Unter dem Eis: Bilder wie aus einem Science-Fiction-Film.

Beim ersten Einsatz unter dem Eis wird das ROV (Remotely Operated Vehicle) von den Tauchern begleitet. Es misst das Eisprofil wie eine Fledermaus durch Echoortung: Der von ihm erzeugte Schall wird zurückgeworfen und zeigt so die Distanz zwischen Gerät und Eis an. Um Störungen durch die von den Tauchern erzeugten Luftblasen auszuschließen, wird das Gerät die folgenden Einsätze im Alleingang durchführen.

Eine Windböe hat das Luftschiff zu Boden geschleudert, die Expedition muss verschoben werden.

Während das Luftschiff aufgeblasen wird, inspiziert Jean-Louis Etienne das Innere der Ballonhülle: und fühlt sich wie in einer Kathedrale aus Stoff!

Vor dem Aufbruch in den äußersten Norden mussten die Expeditionsteilnehmer viele Monate lang trainieren und ihre Ausrüstung erproben. Die sechs Piloten der Expedition nehmen im Luftschiff die letzten Tests vor, bevor sie nach Paris und von dort ins norwegische Spitzbergen fahren, dem Ausgangspunkt der transpolaren Reise.

Ein Koloss entsteigt der Erde

Belutschistan, eine Provinz im Süden Pakistans, ist heute ein trockenes Wüstengebiet. Vor 30 Millionen Jahren aber war es von dichtem Dschungel bedeckt. Der Zusammenprall zwischen Indischer und Eurasischer Platte ließ die Gebirgskette des Himalaja entstehen und bewirkte einen radikalen Klimawandel, in dessen Folge zahlreiche Tiere ausstarben. Nach sechs Jahren Forschung in den für Ausländer sonst schwer zugänglichen Gebieten fand 1999 ein Team unter Leitung des Paläontologen Jean-Loup Welcomme so viele Fossilienteile des *Paraceratheriums*, dass ein Skelett des riesigen Tieres (auch *Baluchitherium* genannt) rekonstruiert werden konnte. Durch Vergleich seines Schenkelknochens (1,3 Meter) mit einem menschlichen Schenkelknochen (0,3 Meter) kamen die Forscher zu dem Schluss, dass sie es mit den Überresten des größten Säugetieres aller Zeiten zu tun hatten: der Koloss war zu Lebzeiten fast 6 Meter hoch und wog 20 Tonnen.

Für eine zweidimensionale Rekonstruktion des gewaltigen Skeletts waren mehr als 200 Knochen nötig, die von verschiedenen Exemplaren stammten. Als Maßstab auf dem Foto dienen einen Meter lange Bambusstäbe (unten und rechts).

Der Vorfahre unseres Nashorns war das größte Landsäugetier aller Zeiten und ein harmloser Pflanzenfresser!

▲ **Der Expeditionsleiter Jean-Loup Welcomme (rechts)** zeigt seinen staunenden Leibwächtern Fossilien des Tieres. In dieser äußerst gefährlichen Region benötigen die Forscher bewaffneten Begleitschutz.

◄ **Die kleinen Fossilien,** die in der Nähe der *Paraceratherium*-Knochen entdeckt wurden, liefern hilfreiche Informationen über die Tier- und Pflanzenarten, in deren Gesellschaft das Riesennashorn im Tertiärzeitalter lebte.

► **Die Expeditionsteilnehmer besuchten auch häufig die Dörfer der Umgebung.** Hier bot sich die Gelegenheit, Schulkindern die Gründe für die Expedition zu erklären und ihnen zu zeigen, dass ihre Heimat, die heute unfruchtbar und trocken ist, vor 30 Millionen Jahren von dichten Wäldern bedeckt war, in denen riesige Tiere wie das *Paraceratherium* lebten.

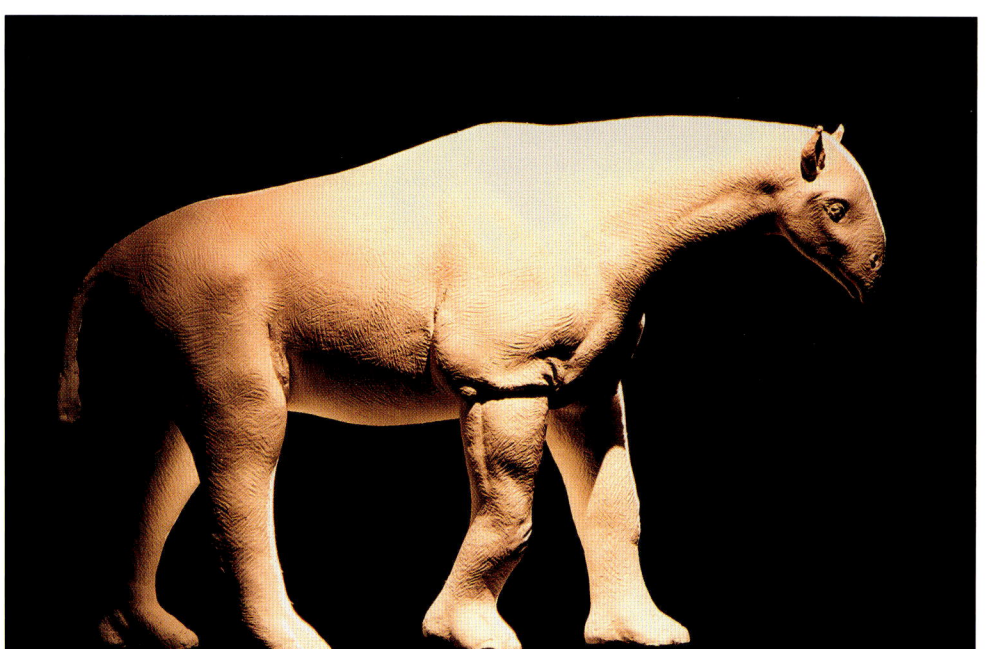

▲ **Unter dem Schutz von zwei mit Kalaschnikows bewaffneten Belutschen** zieht die Expedition mit ihren Dromedaren weiter, um nach Fossilien zu suchen. Die Wüstentiere sind das einzige Transportmittel, das sich für die schweren Lasten, das zerklüftete Terrain und das trockene Klima eignet. Sie tragen die Zelte, die wissenschaftliche Ausrüstung und die Nahrungsmittel für eine Expeditionsdauer von einem Monat.

◀ **Diese dreidimensionale Rekonstruktion des** *Paraceratherium* wurde mit dem Computer anhand der Zeichnungen erstellt, die die Wissenschaftler vor Ort angefertigt hatten. Allein das Vorderbein des Tieres ist drei Meter hoch!

Manchmal gelingt es Archäologen, das Leben der Menschen des Altertums so lebensnah wie in einem Film zu rekonstruieren. Das antike Griechenland war fast 1200 Jahre lang Schauplatz ständiger Konflikte und Kriege zwischen seinen Provinzen und Städten. Dessen ungeachtet vollzog sich alle vier Jahre ein Friedenswunder auf der griechischen Halbinsel: Zu Ehren der Götter hielten die verschiedenen Stadtstaaten zwei Wochen lang einen Waffenstillstand ein, um gemeinsam die Olympischen Spiele feiern zu können – eine Mischung aus sportlichem Wettkampf, Gottesdienst, Politik und Kunst. Als die Olympischen Spiele 2004 in ihr Ursprungsland zurückkehrten, stellte sich ein Team von renommierten Spitzensportlern und Historikern einer einzigartigen Herausforderung: die olympischen Stätten und Wettkämpfe der Antike genau zu rekonstruieren. Das Training der Ringer (Abbildung) verlief damals auf einer als *Palästra* bezeichneten Übungsstätte zu den Rhythmen einer Trommel.

Begeben wir uns also in die Welt der antiken Spiele: schneller, höher, stärker!

▲ **Der Bewegungsablauf der Diskuswerfer** glich ziemlich genau dem der heutigen Athleten. Die Rekonstruktion der Spiele war dank der Zusammenarbeit griechischer, deutscher und französischer Historiker möglich.

▼ **Das Wagenrennen fand außerhalb des heiligen Bezirks und des Stadions von Olympia im Hippodrom statt.** Während die Athleten nackt kämpften, trugen die Wagenlenker weiße Tuniken. Für den Sieg erhielt der Eigentümer der Pferde einen Preis.

2004 gelingt ein einzigartiges Experiment: die Rekonstruktion der antiken Spiele in Olympia.

▲ **Unter den vier Wettläufen der antiken Olympiade** war der Stadionlauf (über eine Strecke von 192,27 Metern, der Länge des Stadions) der kürzeste, älteste und deshalb auch berühmteste. Nach dem Sieger in diesem Wettbewerb wurde die jeweils folgende Olympiade benannt.

▶ **Den Wettkampfsiegern wurden ein Stirnband und ein Palmzweig überreicht.** Anschließend liefen sie im Stadion eine Ehrenrunde unter dem Beifall der Zuschauer, die ihnen Blumen zuwarfen. Die Zweit- und Drittplatzierten erhielten keine Auszeichnung.

Zu Ehren der olympischen Götter trafen bei den Spielen die besten Athleten Griechenlands zusammen.

Die vollendete Haltung des Diskuswerfers machte diese Pose zu einer der berühmtesten des Altertums. Diskuswerfen war eine der Disziplinen im antiken Fünfkampf, dem Pentathlon. Außer dem Diskuswerfen umfasste der Wettbewerb Speerwerfen, Weitsprung, Laufen und Ringen.

▼ **Dieses Luftbild zeigt im Hintergrund links den heiligen Hain von Olympia.** Er war das bedeutendste religiöse Zentrum des Landes. Rechts sieht man den heiligen Berg Kronion, in der Bildmitte das Stadion, das von 1958 an von einem deutschen Archäologenteam freigelegt wurde. Die Bahnlänge (192,27 Meter) galt als offizielle Länge für sämtliche Stadien der Antike. Die Zuschauer saßen auf den Böschungen auf dem Boden. Nur die Wettkampfrichter und hochgestellte Persönlichkeiten nahmen auf einer aus Stein gemauerten Tribüne Platz.

Die von deutschen Archäologen um 1880 im Heratempel entdeckte Marmorstatue des Hermes mit Dionysos als Kind ist so berühmt geworden, dass sie sogar auf Briefmarken abgebildet wurde.

▶ Mit wallenden Gewändern steigt die Siegesgöttin Nike vom Olymp herab, um die siegreichen Wettkämpfer zu krönen. Diese Statue ist eine technische Meisterleistung des Bildhauers Paionios von Mende.

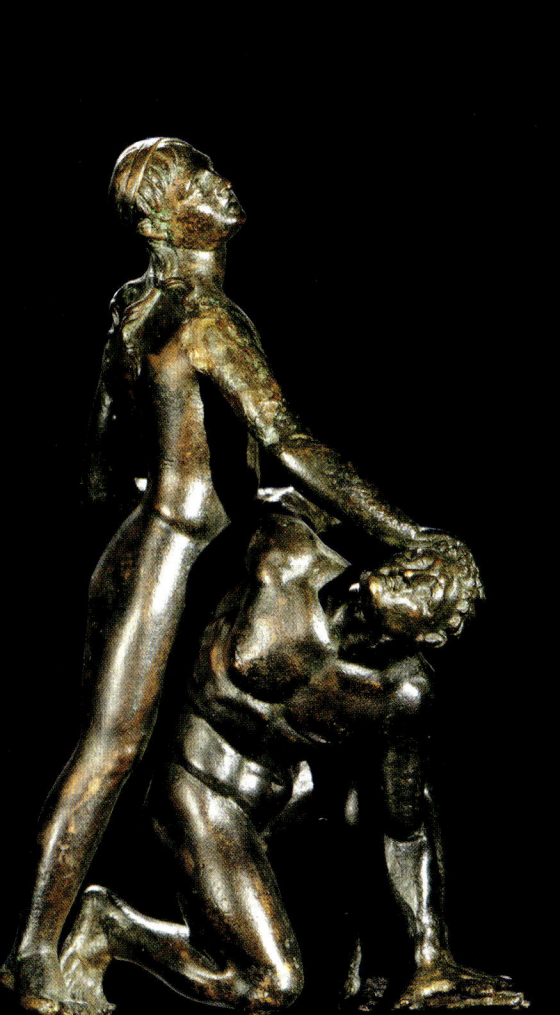

◀ Diese Statuetten stellen Ringer dar. Sie wenden Griffe an, wie sie noch heute bei Ringkämpfen im griechisch-römischen Stil üblich sind.

Porträts der Abenteurer unserer Zeit

Jean-Yves Empereur

Jean-Yves Empereur ist ein französischer Archäologe. In Griechenland, Zypern, der Türkei und Ägypten eilt er durch Baumaßnahmen gefährdeten Schätzen zu Hilfe. An Land, aber auch unter Wasser leitete er zahlreiche Ausgrabungen, insbesondere in Alexandria. 1990 gründete er am CNRS das von ihm geleitete Zentrum für Alexandrinische Studien.

Giuseppe Orefici

Giuseppe Orefici ist ein italienischer Archäologe und folgt seit 50 Jahren den Spuren verschwundener Kulturen. Er leitete Ausgrabungen in Mexiko, Nicaragua, Guatemala, Kolumbien, Ecuador, Brasilien und vor allem Peru. Hier entdeckte er die heilige Stadt Cahuáchi, das religiöse Zentrum der Nazca. 1991 begann er mit der Erforschung der Osterinsel und entdeckte in Tongariki den größten Zeremonialkomplex Polynesiens.

Françoise Dunand

Françoise Dunand ist eine französische Historikerin. Sie ist emeritierte Professorin der Universität Straßburg und war Mitglied des Französischen Instituts für Orientalische Archäologie in Kairo. Sie widmet ihre Arbeit den Religionen und Kulturen Altägyptens und erforscht in Ägypten seit mehr als 20 Jahren die Nekropolen der Oase Charga, wo sie ein Team von Archäologen und Anthropologen leitet.

Jean-Louis Heim

Jean-Louis Heim ist ein französischer Paläoanthropologe. Als Sohn eines im Naturschutz engagierten Botanikers begeisterte er sich schon in seiner Kindheit für die Wissenschaft. Er ist Forscher am CNRS und entdeckte in der Dordogne Fossilien von Neandertalern. Außerdem ist er Professor am Nationalmuseum für Naturgeschichte und am Institut für Humanpaläontologie in Paris.

Roy Chapman Andrews

Roy Chapman Andrews war ein amerikanischer Forscher, Abenteurer, Paläontologe und Naturwissenschaftler. Er wurde 1884 geboren und verstarb 1960. Auf seinen Reisen hat er die Wüste Gobi erforscht und Fossilien Dutzender Dinosaurierarten entdeckt. Es hieß, er sei unter einem guten Stern geboren, weil ihn bei all seinen gefährlichen Abenteuern nie das Glück verließ. Steven Spielberg diente er als Vorbild für die Figur des Indiana Jones.

Vassil Dobrev

Vassil Dobrev ist ein französischer Archäologe mit Schwerpunkt auf der Erforschung des alten Ägypten. Er ist Mitglied des Französischen Instituts für Orientalische Archäologie in Kairo und entdeckte die Nekropole Tabbet el Guesh in Sakkara. Vielleicht lüftet er mit seinem Team das Geheimnis des Pharaos Userkare.

Michel Brunet

Michel Brunet ist ein französischer Paläoanthropologe. Er ist Spezialist für die Evolution der Säugetiere und entdeckte den ersten *Australopithecus* westlich des Rift-Valley, den auf 3,5 Millionen Jahre datierten Abel, sowie den ältesten Hominiden, Toumaï, der auf sieben Millionen Jahre datiert wurde.

Jean-Louis Etienne

Jean-Louis Etienne ist ein französischer Arzt und Forscher. Er unternahm zahlreiche Expeditionen in Polargebiete, um deren Bedeutung für das Weltklima aufzuzeigen. Seit 30 Jahren reist er regelmäßig in die Antarktis, aber auch in den Himalaja, nach Patagonien und sogar nach Polynesien. Daneben machte er mit Eric Tabarly auf der Segeljacht *Pen Duick IV* eine Weltumseglung.

Jean-Loup Welcomme

Jean-Loup Welcomme ist ein französischer Paläontologe und durchstreift seit 1993 Belutschistan, eine öde und unwirtliche Provinz Pakistans. Hier entdeckte er Skelettteile des *Paraceratherium*, des größten Säugetiers aller

Zeiten, das vor 30 Millionen Jahren lebte. Er hat acht Jahre lang in den Wüstengebieten verbracht und wurde von der Bevölkerung, deren Sprache er erlernte, als einer der Ihren akzeptiert.

Alix Barbet

Alix Barbet ist eine französische Historikerin. Sie ist Forschungsleiterin am CNRS und Spezialistin für versunkene Städte und antike Mosaike und Malereien. Sie hat viele Bücher geschrieben und ist Gründerin und Präsidentin der Französischen Vereinigung für Antike Wandmalerei.

Daniele Vitali

Daniele Vitali ist ein italienischer Archäologe und Mitglied des CNRS . Er hielt an den angesehensten Universitäten Europas Vorlesungen über keltische Archäologie, und unter seiner Leitung standen auch mehrere Kongresse. Er leitete zahlreiche Ausgrabungen an keltischen Fundstätten in Frankreich und Italien, war Wissenschaftlicher Sekretär der internationalen Keltenausstellung in Venedig (1991) und ist Verfasser zahlreicher Bücher.

Catherine Abadie-Reynal

Catherine Abadie-Reynal ist eine französische Archäologin. Sie ist Altphilologin und war Mitglied der Ecole française d'Athènes. Als Dozentin für Alte Geschichte und Mediterrane Archäologie unterrichtet sie an mehreren französischen Universitäten. Sie leitete das Französische Institut für Anatolische Studien in Istanbul und verfasste vier Bücher.

Dank

Ich danke der Gesellschaft Gédéon Programmes (Stéphane Millière) und der Agentur Sygma (Eric Préau) für ihre wertvolle Unterstützung bei der Finanzierung und Produktion der in diesem Buch veröffentlichten Reportagen; den Teams der Archäologen (Jean-Yves Empereur, Giuseppe Orefici, Alix Barbet, Daniele Vitali, Catherine Abadie-Reynal), Historiker (Françoise Dunand), Paläontologen (Michel Brunet, Jean-Loup Welcomme), Forscher (Jean-Louis Etienne), Ägyptologen (Vassil Dobrev, Bernard Mathieu) und der Feuerwehr (Paul-Emile Queulette) für ihre Begeisterung und ihre Mitarbeit vor Ort; Banu, Noyan und Antoine für ihre unermüdliche Unterstützung.